Impressum
Verlag: BABADADA GmbH, Nedderfeld 112 , 22529 Hamburg
Geschäftsführer / Verlagsleitung: Harald Hof
Druck: Books on Demand GmbH, In de Tarpen 42, 22848 Norderstedt

Imprint
Publisher: BABADADA GmbH, Nedderfeld 112 , 22529 Hamburg, Germany
Managing Director / Publishing direction: Harald Hof
Print: Books on Demand GmbH, In de Tarpen 42, 22848 Norderstedt

l'école
sekolo

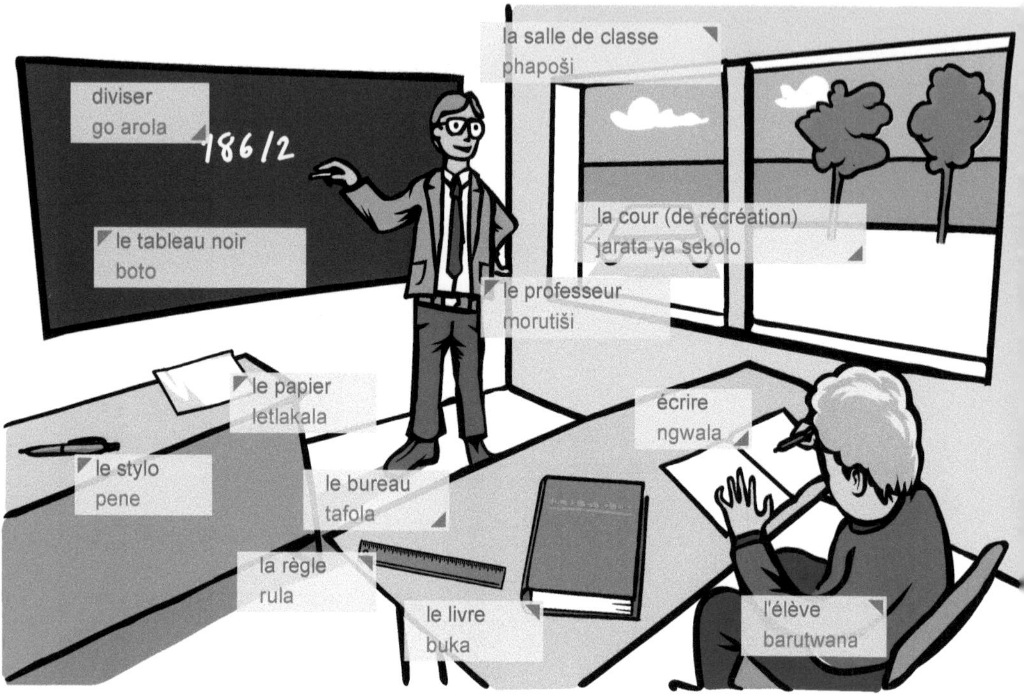
la salle de classe
phapoši
diviser
go arola
186/2
le tableau noir
boto
la cour (de récréation)
jarata ya sekolo
le professeur
morutiši
le papier
letlakala
écrire
ngwala
le stylo
pene
le bureau
tafola
la règle
rula
le livre
buka
l'élève
barutwana

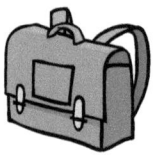

le cartable

peke

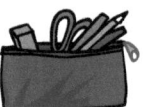

la trousse

kheise ya phensele

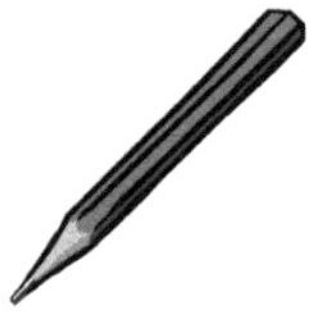

le crayon

phensele

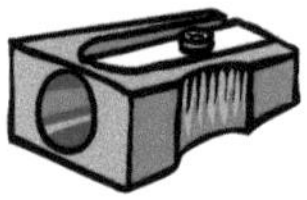

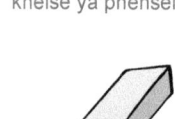

le taille-crayon

motšhene wa go betla phensele

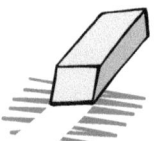

la gomme

rabhara

le carnet à dessin

phede ya ho thala

le dessin
go thala

le pinceau
borashe ya go penta

la boîte de peinture
lepokisi la go penta

les ciseaux
sekero

la colle
sekgomaretši

le cahier d'exercices
puku ya go ngwala

les devoirs
mošomo wa gae

le chiffre
nomoro

additionner
tlatša

soustraire
go ntšha

multiplier
go atiša

calculer
khalekhuleitha

la lettre
lengwalo

l'alphabet
alefapete

le mot
lentšu

le texte

mongolo

lire

bala

la craie

tšhoko

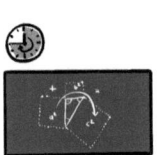

la leçon

thuto

le livre de classe

puku ya maina

l'examen

thuto

le certificat

setifikeite

l'uniforme scolaire

diaparo tša sekolo

la formation

thuto

le lexique

encyclopedia

l'université

yunibesithi

le microscope

maekrosekoupo

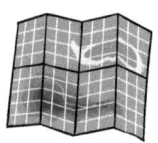

la carte

mmapa

la corbeille à papier

pasekete ya matlakala a ditšhila

le voyage
eta

l'hôtel
hotele
Grand
l'auberge
hosetele
ROOMS
CHANGE
le bureau de change
lefelo la go fetola tšhelete
la valise
sutukheise
la voiture
koloi

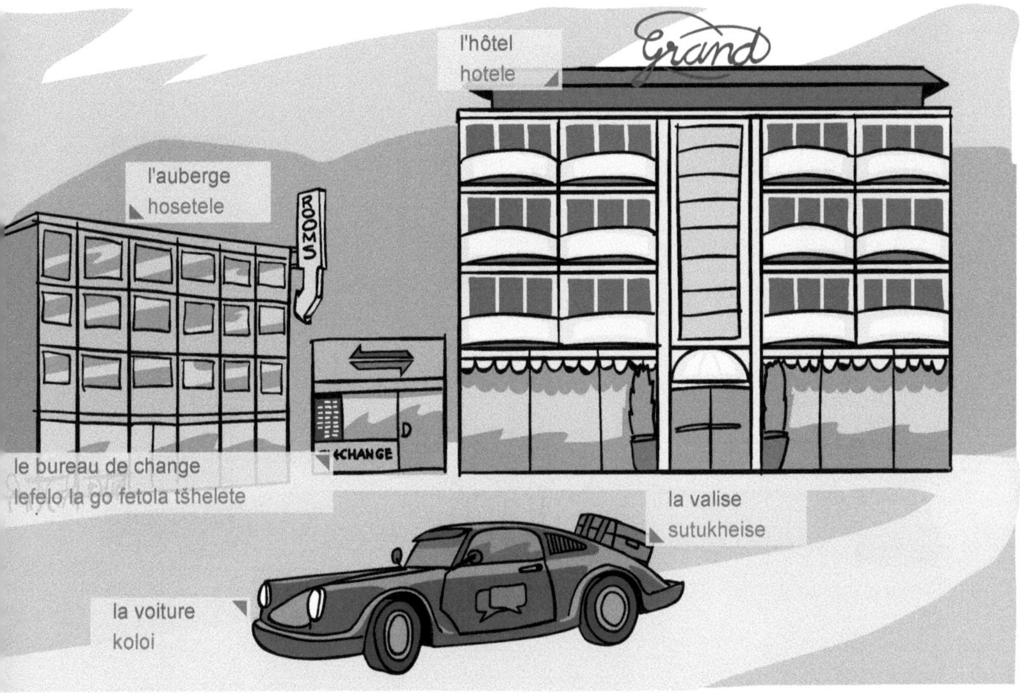

la langue
Leleme

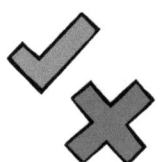

oui / non
ee / aowa

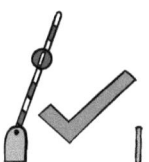

d'accord
Go lokile

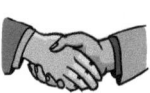

Salut
Dumela

l'interprète
mofetoledi

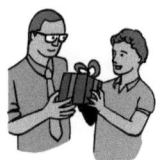

merci
Re a leboga

Combien coûte...?

... ke bokae?

Je ne comprends pas

ga ke kwešiše

le problème

bothata

Bonsoir !

Thobela!

Bonjour !

Meso e mebotse!

Bonne nuit !

Robala botse!

Au revoir

šala gabotse

la direction

keletšo ya tsela

les bagages

peke

le sac

peke

le sac-à-dos

mokotla wa dipuku

l'hôte

moeng

la pièce

phapoši

le sac de couchage

pekana ya go robala

la tente

mokhukhu

l'office de tourisme

boitsebišo bja moeti

la plage

lewatleng

la carte de crédit

karata ya mokitlana

le petit-déjeuner

dijo tša mesong

le déjeuner

matena

le dîner

dijo tša mantšiboa

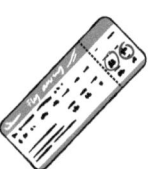

le billet

thikethe

l'ascenseur

lifithi

le timbre

setempe

la frontière

border

la douane

setlwaedi

l'ambassade

embassy

le visa

visa

le passeport

phasepoto

le transport

senamelwa

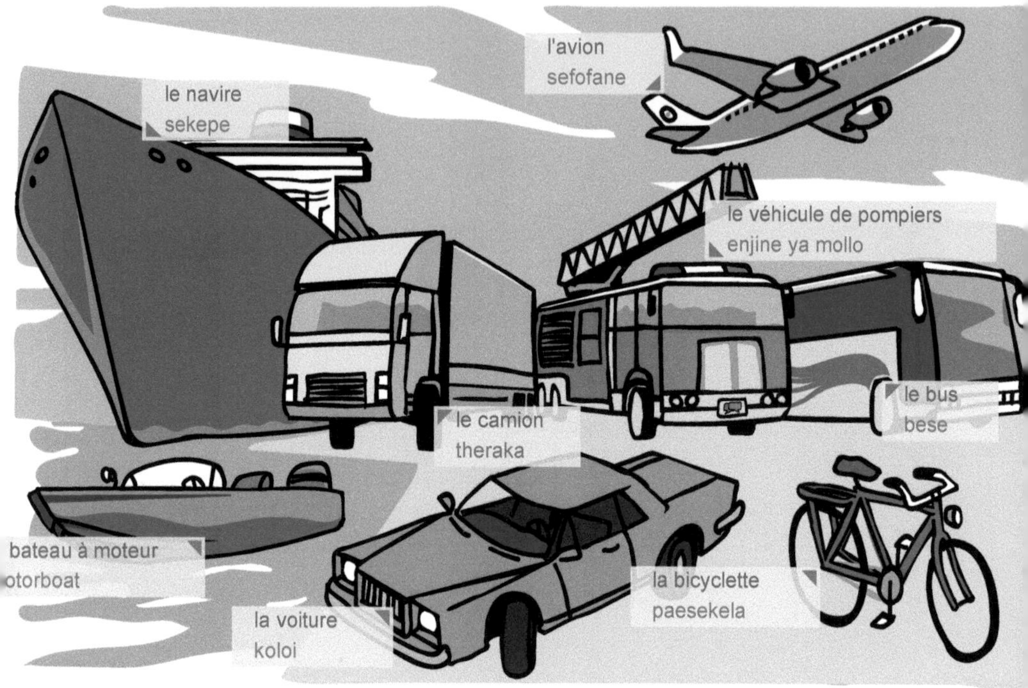
l'avion
sefofane
le navire
sekepe
le véhicule de pompiers
enjine ya mollo
le bus
bese
le camion
theraka
bateau à moteur
otorboat
la bicyclette
paesekela
la voiture
koloi

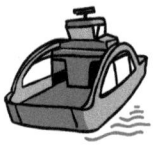

le ferry

feri

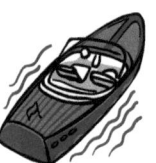

la barque

sekepe

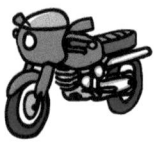

la moto

sethuthuthu

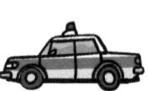

la voiture de police

koloi ya maphodisa

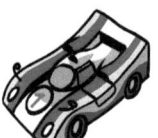

la voiture de course

koloi ya go šiašiana

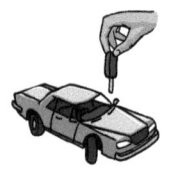

la voiture de location

koloi ya go rentišwa

l'auto-partage

go arogana koloi

la voiture de remorquage

theraka ya go goga

la benne à ordures

theraka ya ditlakala

le moteur

mmotho

l'essence

makhura

la station d'essence

seteišene sa makhura

le panneau indicateur

leswao la therafiki

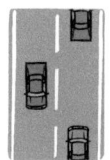

le trafic

therafiki

l'embouteillage

therafiki

le parking

lefelo la go phaka dikoloi

la gare

seteišene sa terene

les rails

tsela

le train

terene

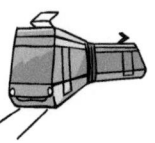

le tramway

theramo

le wagon

koloi

l'hélicoptère

sefofane

l'aéroport

boemafofane

la tour

serokami

le passager

monamedi

le conteneur

seswari

le carton

lepokisana

le chariot

khathe

la corbeille

basket

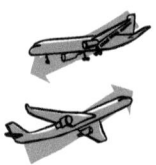

décoller / atterrir

go tloga / go kwatama

la ville

toropo

le village

motse

le centre-ville

bogareng bja toropo

la maison

ntlo

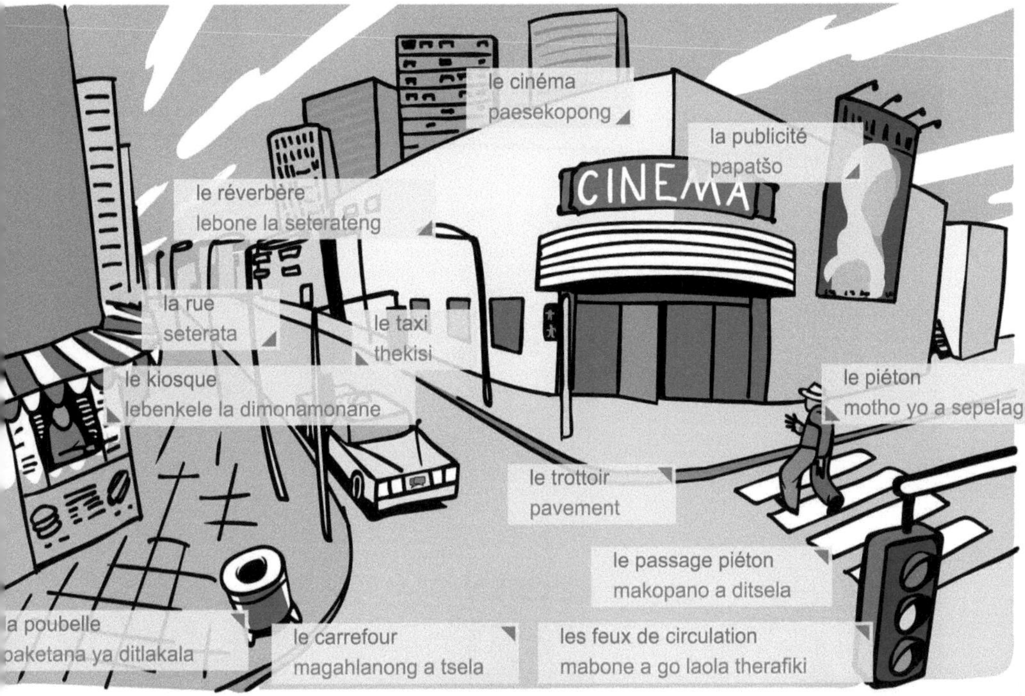

le cinéma
paesekopong

la publicité
papatšo

le réverbère
lebone la seterateng

la rue
seterata

le taxi
thekisi

le kiosque
lebenkele la dimonamonane

le piéton
motho yo a sepelag

le trottoir
pavement

le passage piéton
makopano a ditsela

la poubelle
paketana ya ditlakala

le carrefour
magahlanong a tsela

les feux de circulation
mabone a go laola therafiki

CINEMA

la cabane

mokutwana

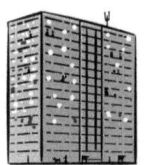

l'appartement

folete

la gare

seteišene sa terene

la mairie

holo ya toropong

le musée

museamo

l'école

sekolo

la ville - toropo

l'université
yunibesithi

la banque
panka

l'hôpital
sepetlele

l'hôtel
hotele

la pharmacie
lebenkele la dihlare

le bureau
ofisi

la librairie
lebenkele la dipuku

le magasin
lebenkele la dijo

le fleuriste
lebenkele la matšoba

le supermarché
lebenkele la dihlare

le marché
mmakete

le grand magasin
lebenkele la dilo tše dintši

la poissonnerie
fishmonger's

le centre commercial
lefelo la mabenkele

le port
boemakepe

le parc
phaka

la banque
bench

le pont
leporogo

les escaliers
ditepisi

le métro
ka tlase

le tunnel
thanele

l'arrêt de bus
boemela pese

le bar
bar

le restaurant
lebenkele la dijo

la boîte à lettres
lepokisi la poso

le panneau indicateur
leswao la seterata

le parcmètre
mithara wa go phaka koloi

le zoo
zuu

le réverbère
letamo la go rutha

la mosquée
lefelo la mamoseleme

la ferme
polasa

la pollution
tšhilafalo

la cimetière
mabitla

l'église
kereke

l'aire de jeux
lefelo la go bapala

le temple
tempele

le paysage
lefelo la dithaba

la feuille
letlakala

le panneau indicateur
leswao la tsela

le chemin
tsela

le pré
lefelo kgauswi le noka

la pierre
letlapa

l'arbre
mohlare

le randonneur
mophara thaba

la rivière
noka

l'herbe
bjang

la fleur
letšoba

la vallée
tsela

la montagne
thaba

le lac
letangwana la meetsi

la forêt
sethokgwa

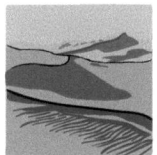

le désert
leganata

le volcan
thabamollo

le château
ntlo e kgolo

l'arc-en-ciel
molalatladi

le champignon
mushroom

le palmier
palm tree

le moustique
monang

la mouche
fofa

les fourmis
ditšhošwane

l'abeille
nosi

l'araignée
segokgo

le coléoptère

khunkhwane

la grenouille

segwagwa

l'écureuil

squirrel

le hérisson

noko

le lièvre

mmutla

la chouette

leribiši

l'oiseau

nonyana

le cygne

mogolodi

le sanglier

kolobe ya naga

le cerf

phuthi

l'élan

phuthi

le barrage

letamo

l'éolienne

wind turbine

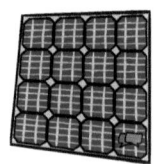

le panneau solaire

phanele ya solar

le climat

leratadima

le restaurant
lebenkele la dijo

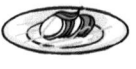

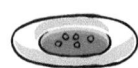

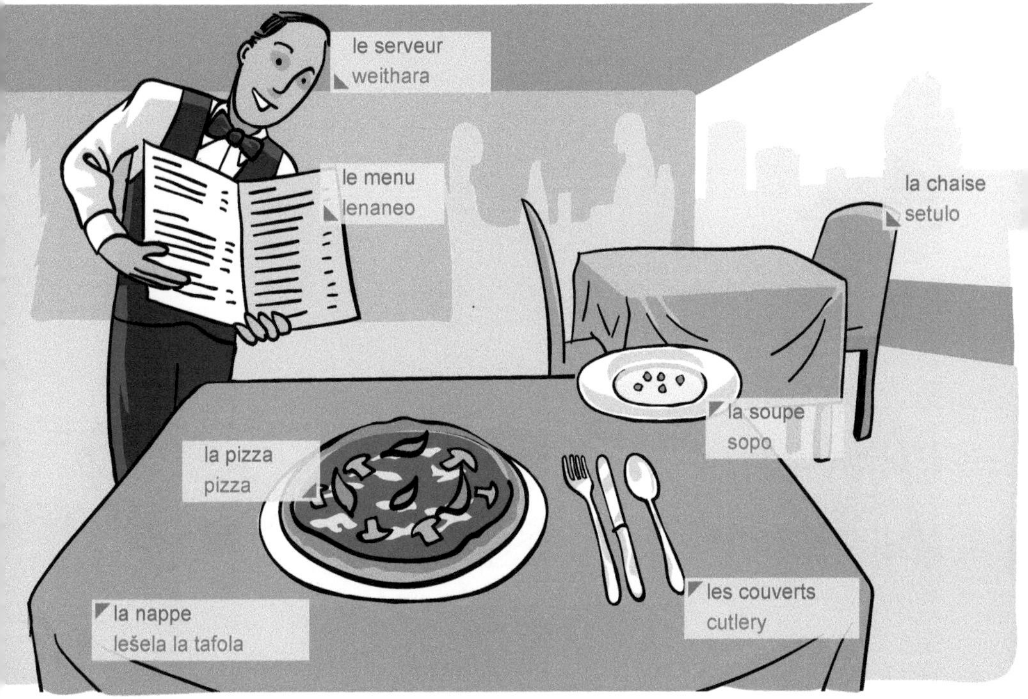
le serveur
weithara
le menu
lenaneo
la chaise
setulo
la soupe
sopo
la pizza
pizza
la nappe
lešela la tafola
les couverts
cutlery

les hors d'œuvre

dijo tša mathomo

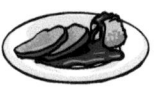

le plat principal

dijo

le dessert

dimonamonane

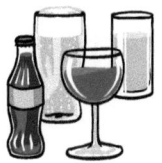

les boissons

dino

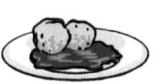

l'alimentation

dijo

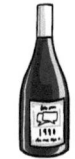

la bouteille

lepotlelo la ngwana

le fast-food

fastfood

les plats à emporter

dijo tša seterateng

la théière

ketlele ya tea

le sucrier

poleitana swikiri

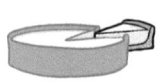

la portion

karolo

la machine à expresso

motšhene wa espresso

la chaise haute

setulo sa godimo

la facture

tefo

le plateau

therei

le couteau

thipa

la fourchette

foroko

la cuillère

lelepola

la cuillère à thé

lelepola

la serviette

lešela la go iphomola

le verre

galase

18   le restaurant - lebenkele la dijo

l'assiette

poleite

l'assiette à soupe

poleite ya sopo

la soucoupe

sosara

la sauce

moroto

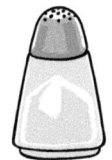

la salière

poto ya letswai

le moulin à poivre

sešila phepha

le vinaigre

vinegar

l'huile

makhura

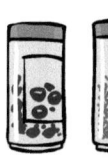

les épices

sepaese

le ketchup

tamatisoso

la moutarde

masetete

la mayonnaise

mayonnaise

le supermarché
lebenkele la dihlare

l'offre promotionnelle
dithekišo tša tlase
FOR
le client
moreki
les produits laitiers
dijo tša go ba le maswi
les fruits
dikenywa
le chariot
teroli

BUTCHERS

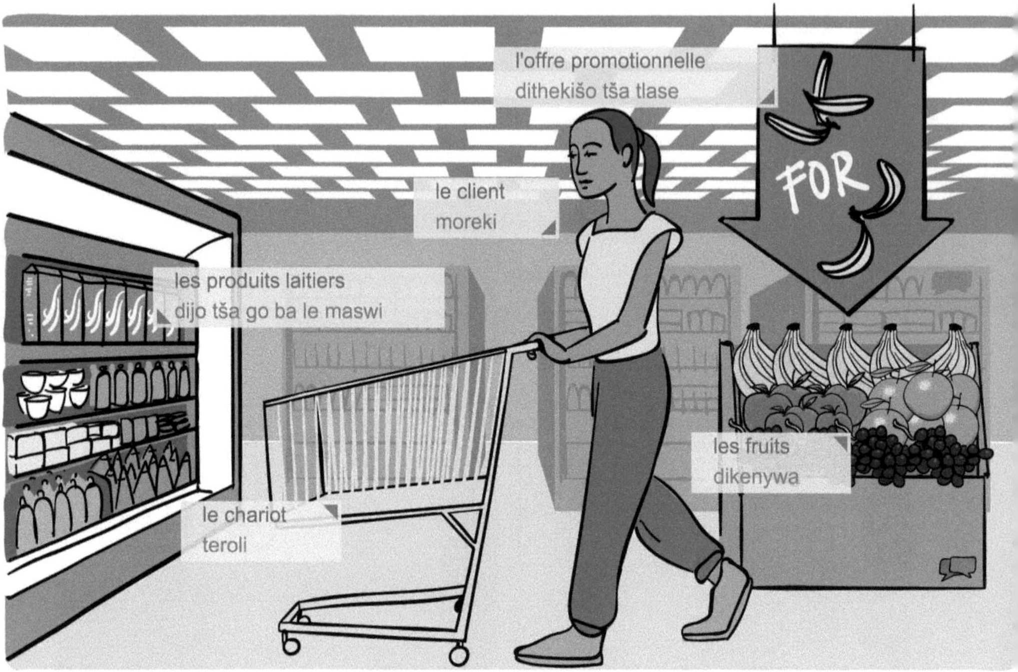

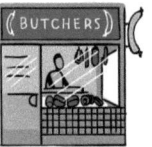

la boucherie

selaga

BAKERY

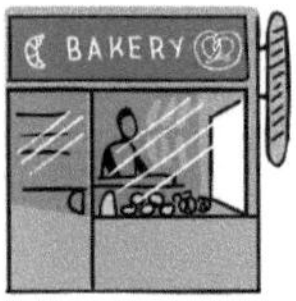

la boulangerie

moapei wa dikuku

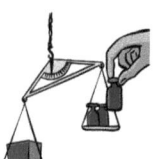

peser

kala

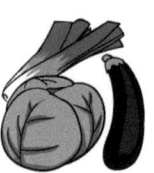

les légumes

merogo

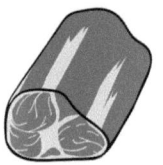

la viande

nama

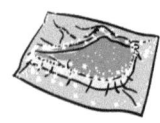

les aliments surgelés

dijo tše gahlišitšwego

la charcuterie

nama ya go tonya

les conserves

tinned food

la poudre à lessive

sešepi sa go hlatswa

les bonbons

dimonamonane

les articles ménagers

dilo tša ka ntlong

les détergents

didirišwa tša go hlwekiša

la vendeuse

morekiši

la caisse

till

le caissier

morekiši

la liste d'achats

lenaneo la tše rekišwago

les heures d'ouverture

diiri tša go bula

le portefeuille

sepatšhe

la carte de crédit

karata ya mokitlana

le sac

peke

le sac en plastique

peke ya polasetiki

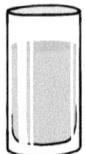

l'eau

meetsi

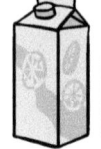

le jus de fruit

Juice

le lait

maswi

le coca

coke

le vin

beine

la bière

bhiri

l'alcool

bjala

le chocolat chaud

cocoa

le thé

tea

le café

kofi

l'expresso

espresso

le cappuccino

cappuccino

la banane

banana

la pomme

apola

l'orange

namome

le melon

melon

le citron.

namone

la carotte

carrot

l'ail

garlic

le bambou

bamboo

l'oignon

keiye

le champignon

mushroom

les noisettes

ditokomane

les pâtes

noodles

les spaghetti

spaghetti

le riz

raese

la salade

salate

les pommes frites

ditšhipisi

les pommes de terre rôties

matapola a gadikilwego

la pizza

pizza

le hamburger

hambeka

le sandwich

sandwich

l'escalope

cutlet

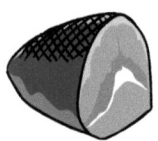

le jambon

ham

le salami

salami

la saucisse

sausage

le poulet

kgogo

le rôti

gadika

le poisson

hlaphi

les flocons d'avoine

bogobe bja oats

la farine

folouro

le muesli

muesli

le croissant

croissant

les cornflakes

cornflakes

les petits-pains

dipanse

le pain

borotho

le pain grillé

toaster

les biscuits

dipisikiti

le beurre

botoro

le fromage blanc

curd

le gâteau

kuku

l'œuf

lee

l'œuf au plat

lee le gadikilwego

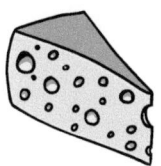

le fromage

tshese

la glace

ice cream

le sucre

swikiri

le miel

todi ya dinosi

la confiture

jeme

la crème nougat

chocolate spread

le curry

curry

la ferme
polasa

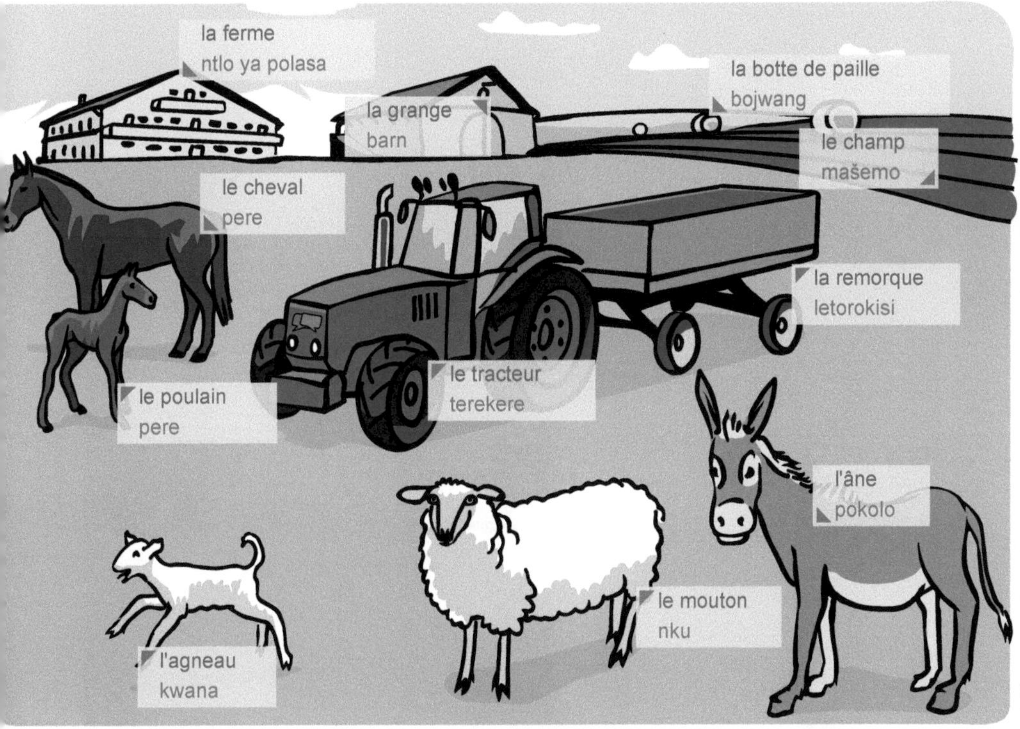

la ferme
ntlo ya polasa
la grange
barn
la botte de paille
bojwang
le champ
mašemo
le cheval
pere
la remorque
letorokisi
le tracteur
terekere
le poulain
pere
l'âne
pokolo
le mouton
nku
l'agneau
kwana

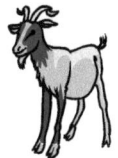

la chèvre
pudi

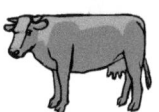

la vache
kgomu

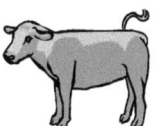

le veau
namane

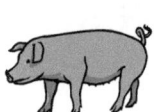

le porc
kolobe

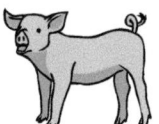

le porcelet
kolobjana

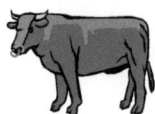

le taureau
poo

l'oie

leganse

le canard

leganse

le poussin

letswienyane

la poule

kgogo

le coq

mokoko

le rat

legotlo

le chat

katse

la souris

legotlo

le bœuf

pholo

le chien

mpšha

le chenil

ntlwana ya mpšha

le tuyau de jardin

lethompo la seratswana

l'arrosoir

khene ya meetse

la faucheuse

peke

la charrue

megoma ya terekere

la faucille

sekele

la pioche

mogoma

la fourche

foroko

la hache

selepe

la brouette

kiribai

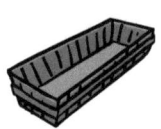

la cuve

letangwana la meetsi

le pot à lait

khene ya maswi

le sac

lesaka

la clôture

fense

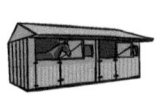

l'étable

stable

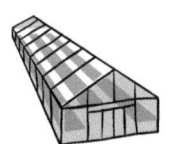

le serre

ntlwana ya galase ya dihlare

le sol

mobu

les semences

peu

l'engrais

manyora

la moissonneuse-batteuse

motšhene wa go buna

récolter
buna

la récolte
buna

l'igname
tse monate

le blé
korong

le soja
soy

la pomme de terre
letapola

le maïs
korong

le colza
rapeseed

l'arbre fruitier
mohlare wa dikenywa

le manioc
cassava

les céréales
disereale

la maison
ntlo

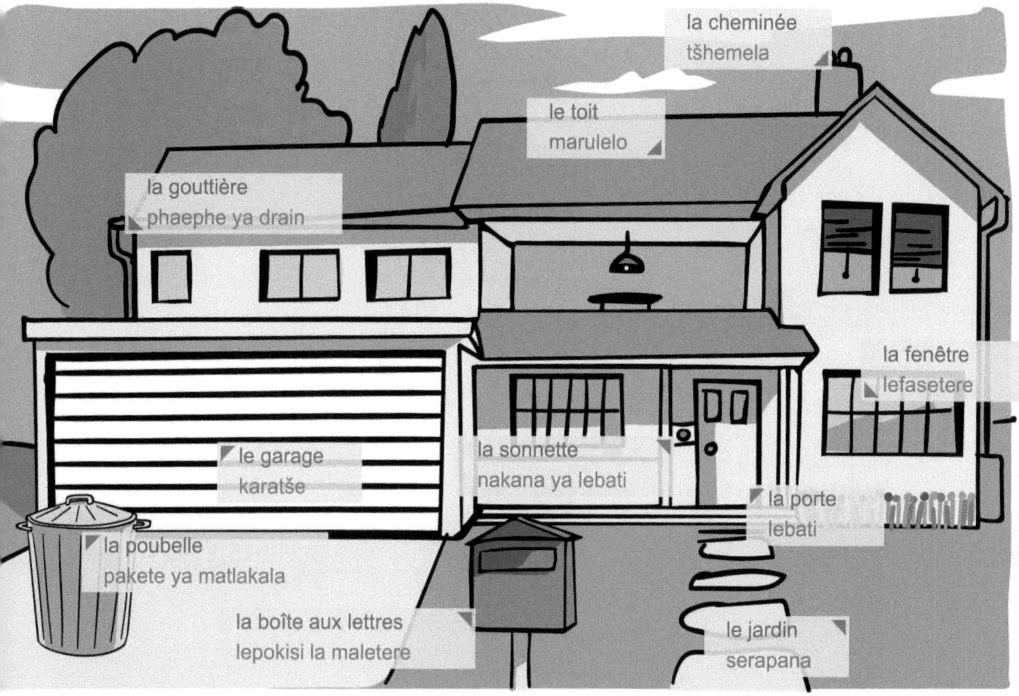
la cheminée
tšhemela
le toit
marulelo
la gouttière
phaephe ya drain
la fenêtre
lefasetere
le garage
karatše
la sonnette
nakana ya lebati
la porte
lebati
la poubelle
pakete ya matlakala
la boîte aux lettres
lepokisi la maletere
le jardin
serapana

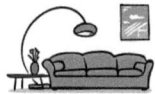

le salon

phapoši ya go dula

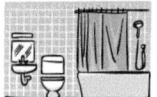

la salle de bain

kamora ya go hlapela

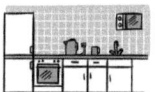

la cuisine

boapeelo

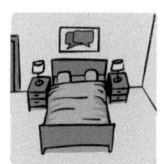

la chambre à coucher

phapoši ya go robala

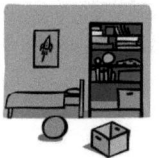

la chambre d'enfant

phapoši ya bana

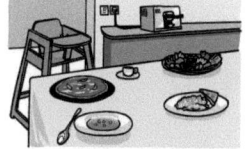

la salle à manger

lefelo la boiketlo

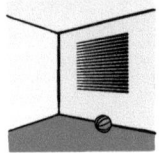

le sol

fase

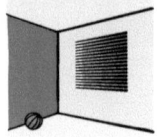

le mur

lebota

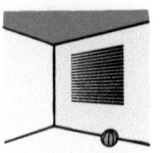

le plafond

siling

la cave

cellar

le sauna

sauna

le balcon

letsikangope

la terrasse

lelapa

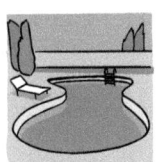

la piscine

letamo la go rutha

la tondeuse à gazon

motšhene wa go sega bjang

la housse

lešela la go iphomola

la couette

lešela la mpeto

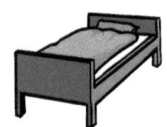

le lit

mpeto

le balai

leswielo

le sceau

pakete

l'interrupteur

pholaka

le papier peint
senepe sa sedirišwa

l'image
senepe

la lampe
lebone

l'étagère
shelofe

l'armoire
khaboto

la cheminée
lefelo la mollo

la télé
thelebišene

la fleur
letšoba

le coussin
kobo

le vase
vase

le sofa
sofa

la télécommande
remote control

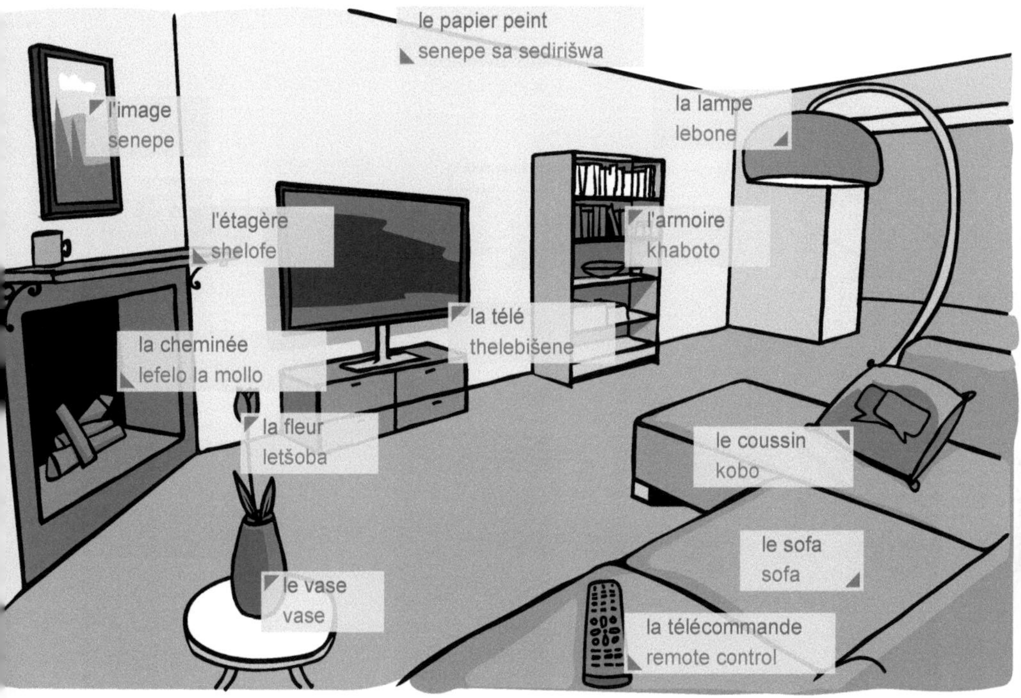

le tapis khaphete	le rideau garetene	la table tafola

la chaise setulo	la chaise à bascule rocking chair	le fauteuil armchair

le livre

buka

la couverture

kobo

la décoration

bokgabišo

le bois de chauffage

dikota tša mollo

le film

filimi

la chaîne hi-fi

sedirišwa sa hi-fi

la clé

senotlelo

le journal

kuranta

la peinture

go penta

le poster

phouseta

la radio

radio

le bloc-notes

pukwana ya go ngwala

l'aspirateur

motšhene wa go hlwekiša

le cactus

mohlašana wa cactus

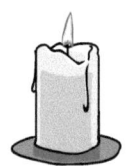

la bougie

kerese

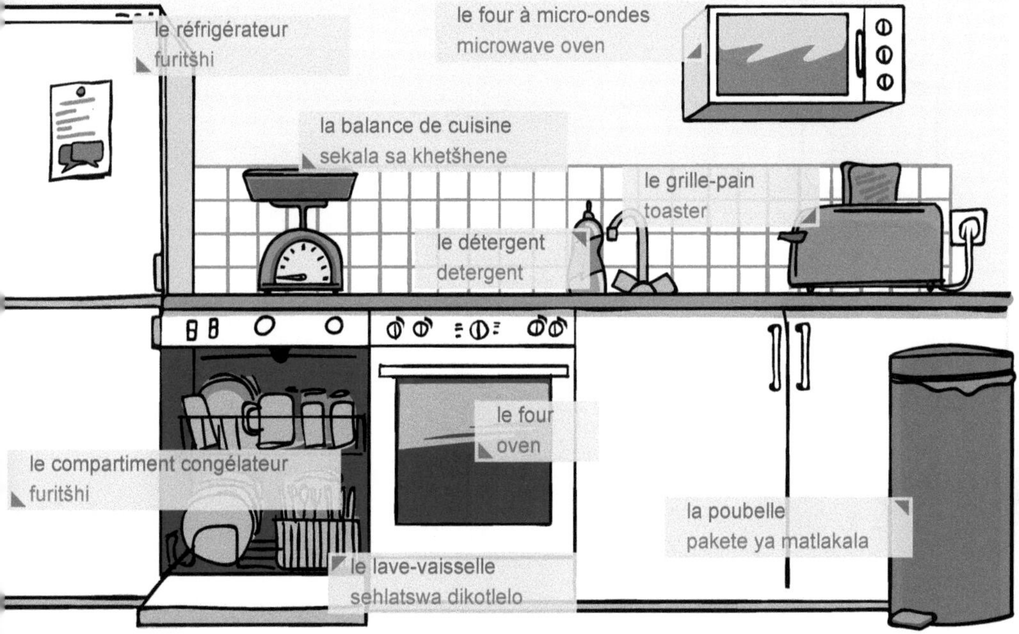

le réfrigérateur
furitšhi

le four à micro-ondes
microwave oven

la balance de cuisine
sekala sa khetšhene

le grille-pain
toaster

le détergent
detergent

le compartiment congélateur
furitšhi

le four
oven

la poubelle
pakete ya matlakala

le lave-vaisselle
sehlatswa dikotlelo

le four
moapei

la casserole
pitša

la marmite
cast-iron pot

le wok / kadai
wok / kadai

la poêle
pane

la bouilloire electrique
ketlele

le cuiseur vapeur

steamer

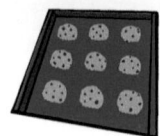

la plaque de cuisson

therei ya go paka

la vaisselle

dikotlelo

le gobelet

komiki

la coupe

mogopo

les baguettes

diphathana tša go ja

la louche

lelepola la ladle

la spatule

spatula

le fouet

whisk

la passoire

strainer

le tamis

sefo

la râpe

kereitara

le mortier

mortar

le barbecue

barbecue

la cheminée

thuntšha

la cuisine - boapeelo

la planche à découper

boto ya dijo

le rouleau à pâtisserie

rolling pin

le tire-bouchon

sebula lepotlelo

la boîte

khene

l'ouvre-boîte

sebula khene

les maniques

seswara dipoto

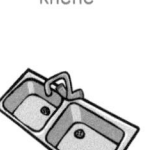

le lavabo

sinki

la brosse

borashe

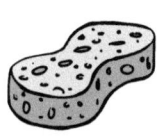

l'éponge

sepontše

le mixeur

sehlakanyi

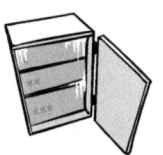

le congélateur

freezer

le biberon

lepotlelo la ngwana

le robinet

pompi

la salle de bain

kamora ya go hlapela

le chauffage
borutho
la douche
šawara
la serviette
toulo
le rideau de douche
garetene ya šawara
le bain moussant
bubble bath
la baignoire
bata
le verre
galase
la machine à laver
motšhene wa go hlatswa
le robinet
pompi
le carrelage
dithaele
le pot
poto
le lavabo
sinki

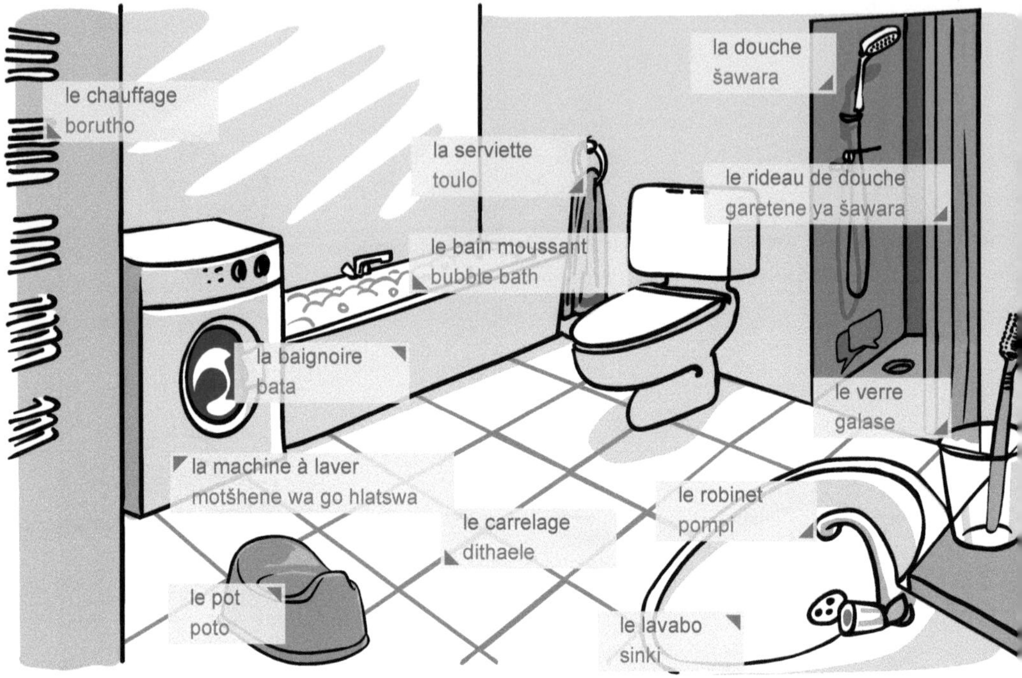

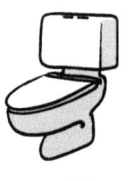

les toilettes

ntlwana

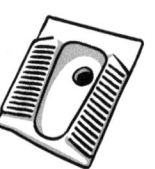

la toilette à la turque

ntlwana ya ho tshorama

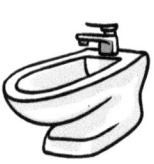

le bidet

bidet

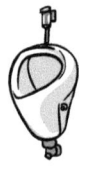

l'urinoir

moroto

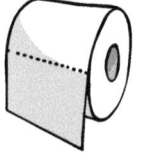

le papier toilette

pampiri ya ntlwana

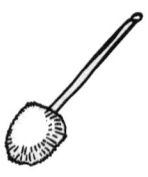

la brosse à toilette

boraše ya ntlwana

la brosse à dents

boraše ya ho hlapa meno

le dentifrice

sešepi sa meno

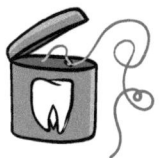

le fil dentaire

floss ya meno

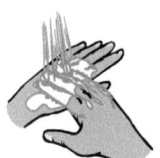

laver

hlatswa

la douche manuelle

shawara ya go swarwa ka matsogo

la douche intime

douche

la vasque

basin

la brosse dorsale

back brush

le savon

sešepi

le gel douche

sešepi sa ka šawareng

le shampooing

shampoo

le gant de toilette

folene

l'écoulement

drain

la crème

sa go tlola

le déodorant

senkgiša bose

le miroir
....
seipone

le miroir cosmétique
....
sepili se senyenyane

le rasoir
....
legare

la mousse à raser
....
shaving foam

l'après-rasage
....
aftershave

la peigne
....
kamo

la brosse
....
boraše

le sèche-cheveux
....
derayara ya moriri

la laque pour cheveux
....
setlola sa moriri

le fond de teint
....
makeup

le rouge à lèvres
....
setlola sa molomo

le vernis à ongles
....
varnish ya manala

l'ouate
....
wulu

le coupe-ongles
....
sekero sa dinala

le parfum
....
phefumo

la trousse de toilette

pekana ya tša go hlapa

le tabouret

setulo

le pèse-personne

sekala

le peignoir

toulwana ya go hlapa

les gants de nettoyage

ditlelafo tša rabara

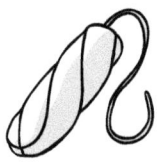

le tampon

tampon

les serviettes hygiéniques

toulo ya go phumula
matsogo

la toilette chimique

ntlwana ya dikhemikhale

la chambre d'enfant
phapoši ya bana

le réveil
watšhe ya alamo
le doudou
mpopi
la voiture jouet
koloi ya go bapadiša
le hochet
rattle ya bana
la maison de poupée
ntlo ya mepopi
le cadeau
present

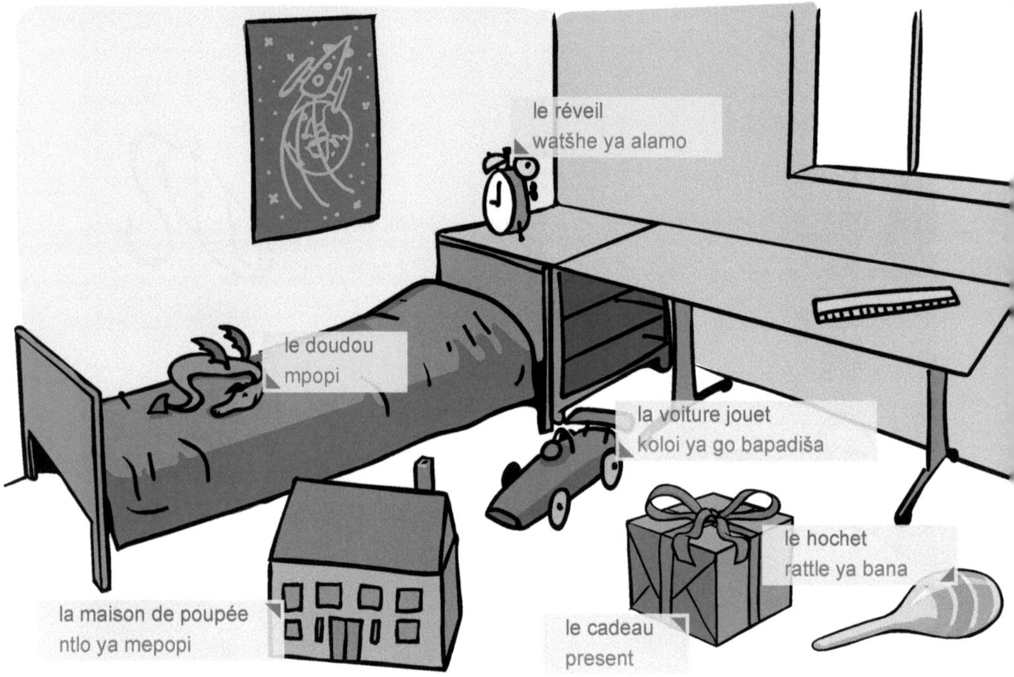

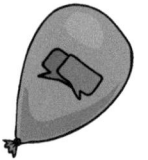

le ballon
baluni

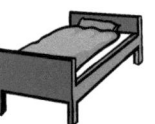

le lit
mpeto

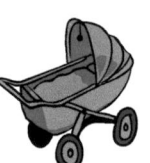

la poussette
phorema

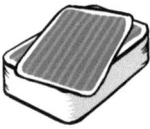

le jeu de cartes
dikarata

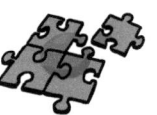

le puzzle
papadi ya jigsaw

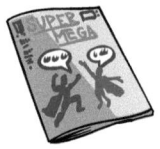

la bande dessinée
metlae

les pièces lego

papadi ya lego bricks

les blocs de construction

papadi ya building blocks

la figurine

action figure

la grenouillère

go gola ga ngwana

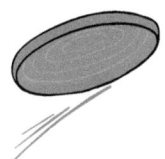

le frisbee

papadi ya Frisbee

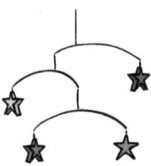

le mobile

mobile

le jeu de société

papadi ya boto

le dé

letaese

le train miniature

model train set

la sucette

tami

la fête

phathi

le livre d'images

puku ya dinepe

la balle

kgwele

la poupée

mpopi

jouer

bapala

le bac à sable

sandpit

la balançoire

swing

les jouets

tša go bapadiša

la console de jeu

sedirišwa sa dipapadi tša bidio

le tricycle

paesekele ya bana

l'ours en peluche

teddy bear

l'armoire

oteropo

les vêtements

diaparo

les chaussettes

masokisi

les bas

masokisi

le collant

pentihouso

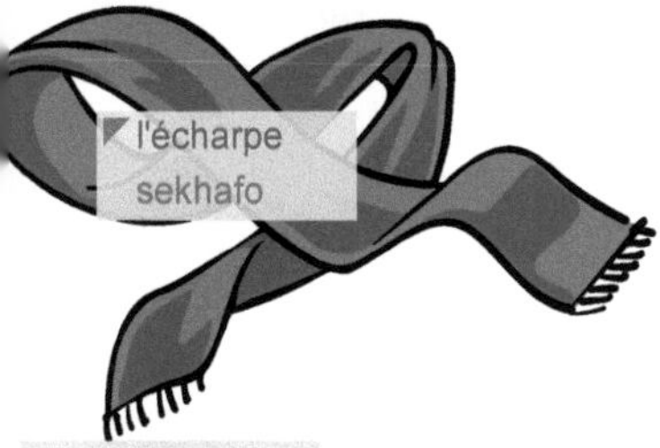

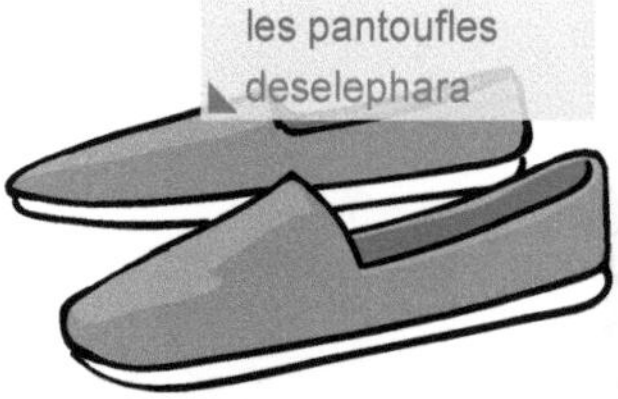

l'écharpe
sekhafo

le parapluie
amporela

la ceinture
lepanta

le t-shirt
sekhipha

les bottes
diputsu

les pantoufles
deselephara

les baskets
diteki

les sandales
·················
ramphešane

les chaussures
·················
dieta

les bottes de caoutchouc
·················
diputsu tša rabara

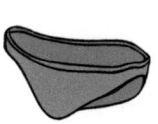

les sous-vêtements
·················
borokgwana bja ka fase

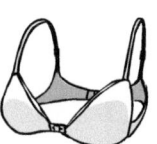

le soutien-gorge
·················
seaparo sa bra

le maillot de corps
·················
besete

le body

mmele

le pantalon

marokgo

le jean

pokathe

la jupe

sekhethe

le chemisier

seaparo sa blouse

la chemise

hempe

le pull

jase

le sweat à capuche

jase

la veste

seaparo sa blazer

la veste

baki

le manteau

jase

l'imperméable

jase ya pula

le costume

khosetumo

la robe

roko

la robe de mariée

lešira

le costume
sutu

la chemise de nuit
seaparo sa go robala

le pyjama
dipejama

le sari
sari

le foulard
sekafo

le turban
turban

la burqa
seaparo sa burqa

le caftan
roko ya kaftan

l'abaya
abaya

le maillot de bain
seaparo sa go rutha

le maillot de bain
diteranka

le short
marukgwana a manyenyane

la tenue d'entraînement
terekesutu

le tablier
apron

les gants
ditlelafo

le bouton

konope

les lunettes

digalase

le bracelet

boreiselete

le collier

nekeleise

la bague

palamonwana

la boucle d'oreille

lengena

le bonnet

kepisi

le cintre

hengere ya jase

le chapeau

kefa

la cravate

thai

la fermeture éclair

zip

le casque

helmete

les bretelles

braces

l'uniforme scolaire

diaparo tša sekolo

l'uniforme

unifomo

le bavoir

seaparo sa bib

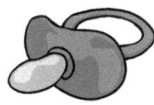

la sucette

tami

la lange

mongato

le bureau
ofisi

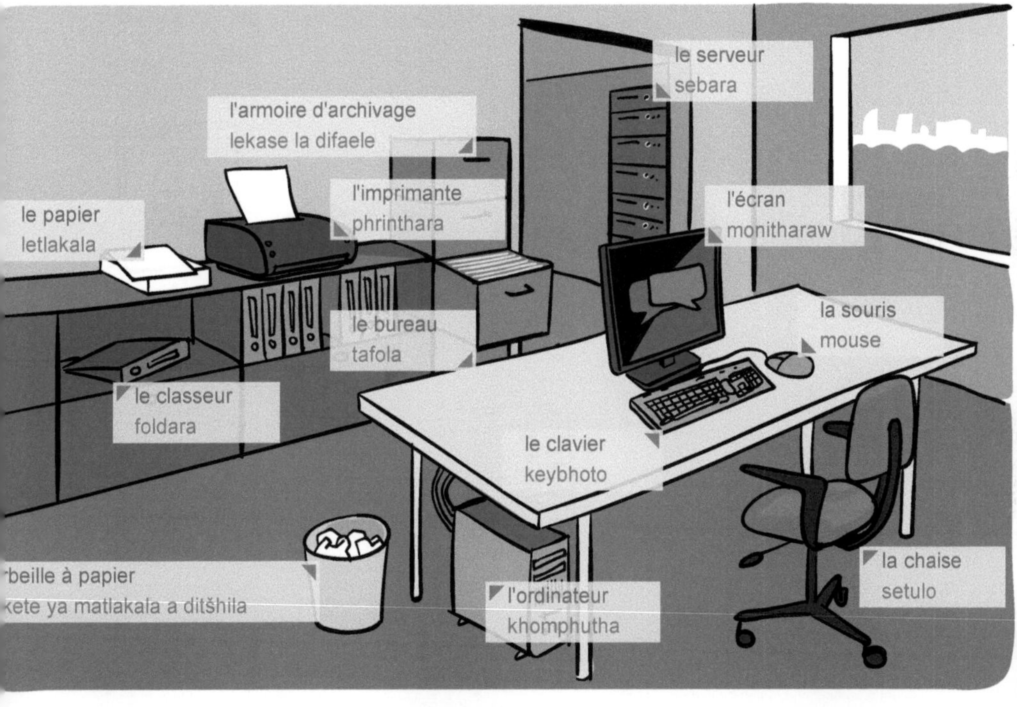

le serveur
sebara

l'armoire d'archivage
lekase la difaele

le papier
letlakala

l'imprimante
phrinthara

l'écran
monitharaw

la souris
mouse

le bureau
tafola

le classeur
foldara

le clavier
keybhoto

la chaise
setulo

la corbeille à papier
seketa ya matlakala a ditšhila

l'ordinateur
khomphutha

la tasse de café

komiki ya kofi

la calculatrice

khalekhuleitha

l'internet

inthanete

l'ordinateur portable

laptop

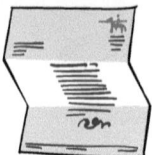

la lettre

lengwalo

le message

molaetša

le portable

mogalathekeng

le réseau

netweke

la photocopieuse

motšhene wa go
photokhopa

le logiciel

software

le téléphone

mogala

la prise

pholaka ya sokete

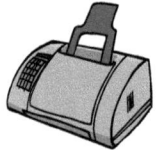

le fax

motšhine wa go fekesa

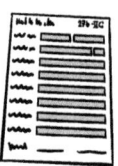

le formulaire

fomo

le document

dipampiri

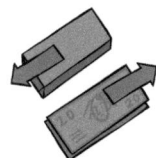

acheter
reka

payer
lefa

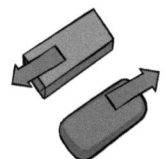

faire du commerce
rekiša

la monnaie
tšhelete

le dollar
dollar

l'euro
euro

le yen
yen

le rouble
rouble

le franc suisse
Swiss franc

le renminbi yuan
renminbi yuan

la roupie
rupee

le distributeur automatique

lefelo la go ntšha tšhelete

le bureau de change

lefelo la go fetola tšhelete

l'or

gauta

l'argent

silifera

le pétrole

oil

l'énergie

matla

le prix

poraese

le contrat

konteraka

la taxe

motšhelo

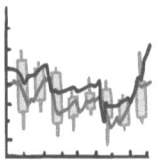

l'action

setokho

travailler

mošomo

l'employé

mošomi

l'employeur

mothwadi

l'usine

feketori

le magasin

lebenkele la dijo

les professions
bodulo

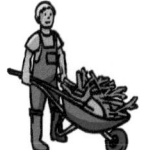

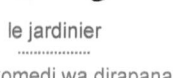

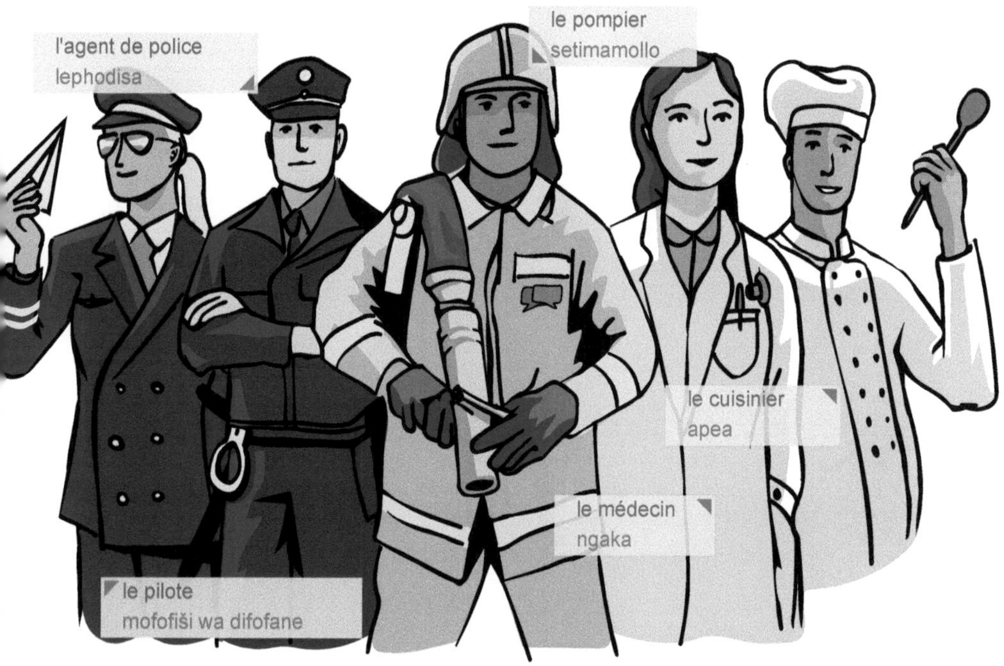
l'agent de police
lephodisa
le pompier
setimamollo
le cuisinier
apea
le médecin
ngaka
le pilote
mofofiši wa difofane

le jardinier

mohlokomedi wa dirapana

le menuisier

mmetli

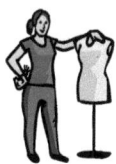

la couturière

moroki

le juge

moahlodi

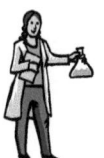

le chimiste

khemise

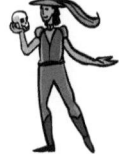

l'acteur

mmapadi

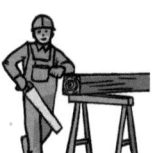

le conducteur de bus

mootledi wa pase

le chauffeur de taxi

mootledi wa thekisi

le pêcheur

moswara dihlapi

la femme de ménage

mosadi wa go hlwekiša

le couvreur

molokiša marulelo

le serveur

weithara

le chasseur

motsomi

le peintre

motho wa go penta

le boulanger

mopaki

l'électricien

electrician

l'ouvrier

moagi

l'ingénieur

moenjeneare

le boucher

selaga

le plombier

polambara

le facteur

mosepediši wa poso

le soldat

mohlabani

l'architecte

mothadi wa dintlo

le caissier

morekiši

le fleuriste

molemi wa matšoba

le coiffeur

mologi wa moriri

le contrôleur

molaodi

le mécanicien

mekhenikhe

le capitaine

mokapotene

le dentiste

ngaka ya meno

le scientifique

rathutamahlale

le rabbin

moruti

l'imam

moetapele wa dithapelo

le moine

monk

le prêtre

moruti

les outils

didirišwa

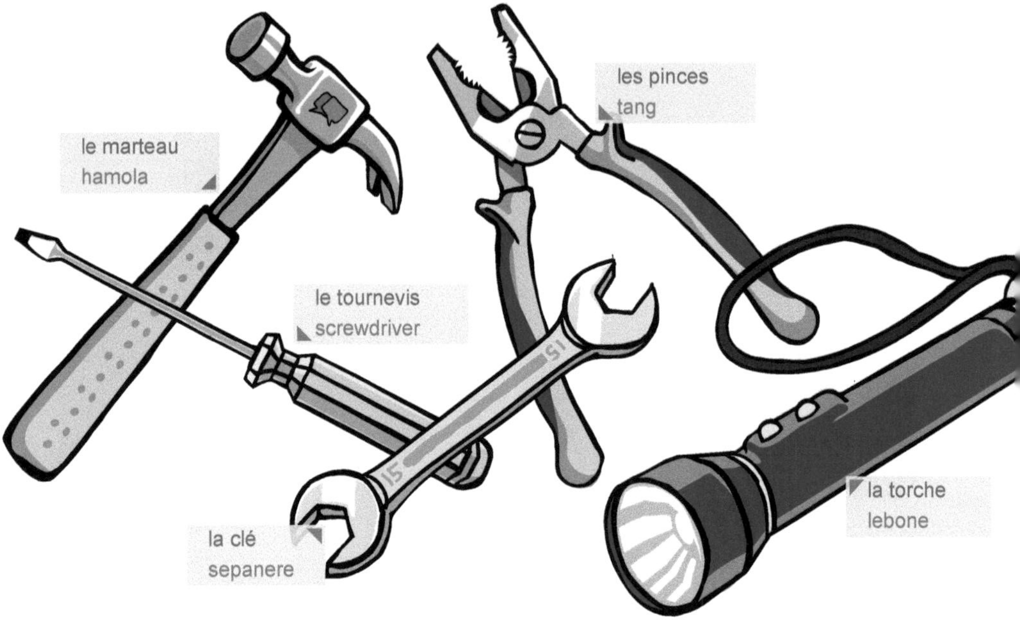
le marteau
hamola
les pinces
tang
le tournevis
screwdriver
la torche
lebone
la clé
sepanere

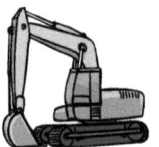

la pelleteuse

seepi

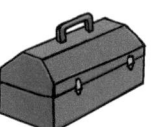

la boîte à outils

lepokisi la dithulusi

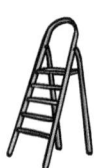

l'échelle

llere

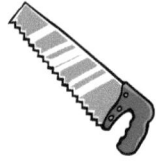

la scie

saga

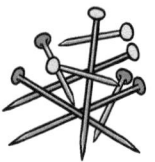

les clous

dipikiri

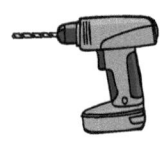

la perceuse

sebori

réparer

lokiša

la pelle

garafo

Mince !

ijoo!

la pelle

seolela matlakala

le pot de peinture

pitša ya pente

les vis

sekurufu

les instruments de musique
didirišwa tša mmino

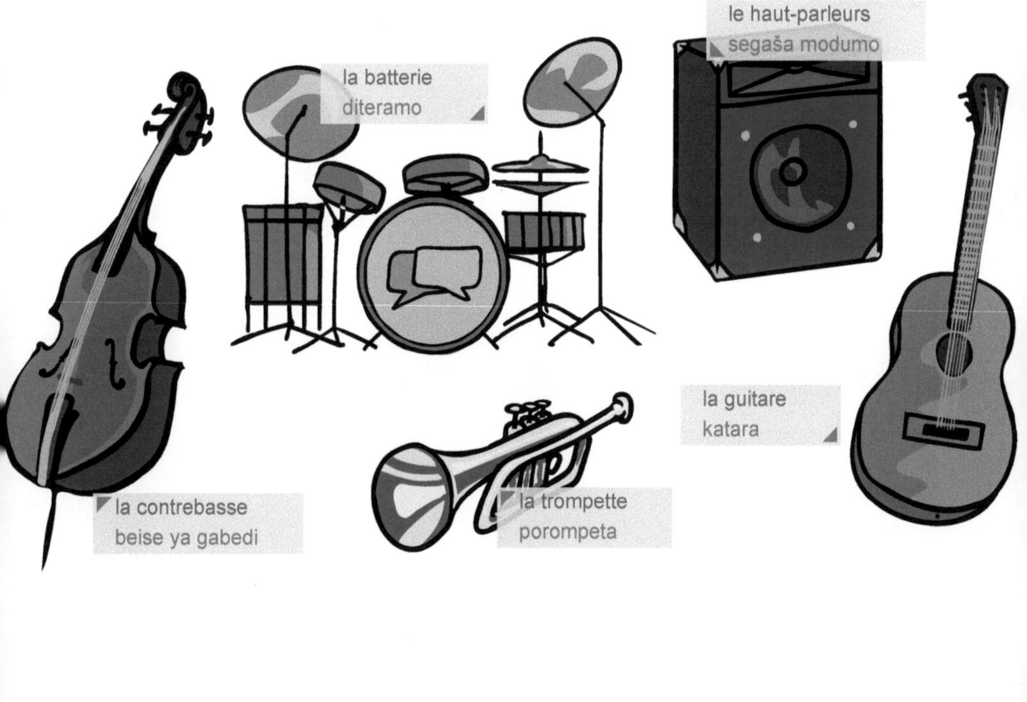

le haut-parleurs
segaša modumo

la batterie
diteramo

la guitare
katara

la contrebasse
beise ya gabedi

la trompette
porompeta

le piano

piano

le violon

violin

la basse

beise

les timbales

timpani

le tambour

diteramo

le piano électrique

keybhoto

le saxophone

saxophone

la flûte

phala

le microphone

mmaekrofouno

les instruments de musique - didirišwa tša mmino

l'entrée
tsela ya go tsena

le tigre
lengau

la cage
legaga

le zèbre
pitse

l'alimentation animale
dijo tša diphoofolo

le panda
bere

les animaux

diphoofolo

l'éléphant

tlou

le kangourou

kangaroo

le rhinocéros

tšhukudu

le gorille

gorilla

l'ours

bere

le chameau

kamela

l'autruche

mpšhe

le lion

tau

le singe

tšhwene

le flamand rose

nonyana ya flamingo

le perroquet

nonyana ya parrot

l'ours polaire

bere ya polar

le pingouin

penguin

le requin

shark

le paon

phikoko

le serpent

noga

le crocodile

kwena

le gardien de zoo

mohlokomedi wa di zoo

le phoque

sili

le jaguar

jaquar

le poney

pokolo

le léopard

lepogo

l'hippopotame

hippo

la girafe

thutlwa

l'aigle

lenong

le sanglier

kolobe ya naga

le poisson

hlaphi

la tortue

khudu

le morse

walrus

le renard

phiri

la gazelle

phuthi

l'american Football
kgwele ya Amerika

le cyclisme
go reila paesekela

le tennis
thenese

le basket-ball
basketball

la natation
go rutha

la boxe
ntwa ya matswele

le hockey sur glace
hockey ya lehlweng

le football
kgwele ya maoto

le badminton
badminton

l'athlétisme
bakitimi

le handball
polo ya matsogo

le ski
skiing

le polo
polo

sauter
taboga

rire
sega

embrasser
gokara

chanter
opela

marcher
sepela

prier
rapela

faire la bise
atla

rêver
lora

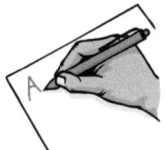

écrire
ngwala

dessiner
thala

montrer
bontšha

pousser
kgorometša

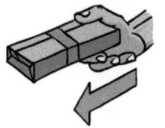

donner
efa

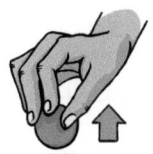

prendre
tšea

avoir

e ba le

faire

dira

être

eba

être debout

ema

courir

kitima

trier

goga

jeter

lahlela

tomber

e wa

être couché

maaka

attendre

emanyana

porter

rwala

être assis

dula

s'habiller

go apara

dormir

robala

se réveiller

tsoga

regarder

lebelela

pleurer

lla

caresser

seterouko

peigner

kamo

parler

bolela

comprendre

kwešiša

demander

botšiša

écouter

theetša

boire

e nwa

manger

eja

ranger

hlwekiša

aimer

lerato

cuire

apea

conduire

otlela

voler

fofa

faire de la voile

sesa

calculer

khalekhuleitha

lire

bala

apprendre

ithute

travailler

mošomo

se marier

nyala

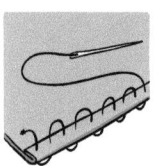

coudre

roka

brosser les dents

hlapa meno

tuer

bolaya

fumer

kgoga

envoyer

romela

la famille
lelapa

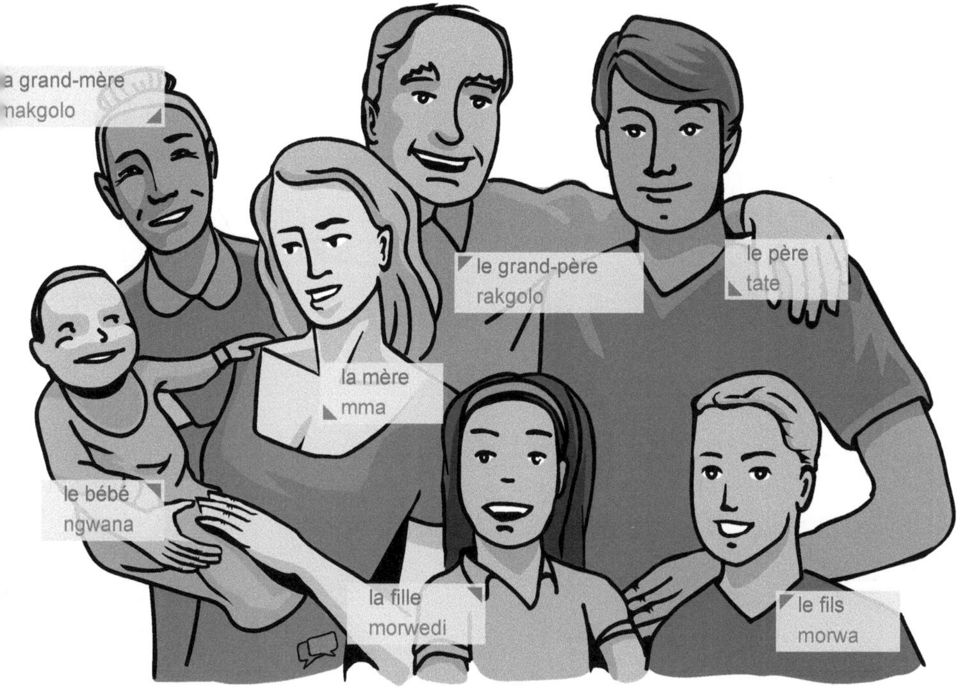

a grand-mère
nakgolo
le grand-père
rakgolo
le père
tate
la mère
mma
le bébé
ngwana
la fille
morwedi
le fils
morwa

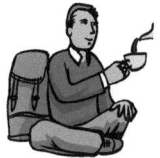

l'hôte
moeng

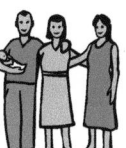

la tante
rakgadi

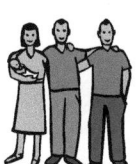

l'oncle
malome

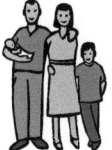

le frère
abuti

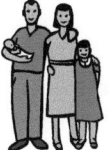

la sœur
sesi

le corps

mmele

le front
phatla
l'œil
leihlo
l'épaule
magetla
le doigt
monwana
le visage
sefahlego
le menton
seledu
la main
seatla
la jambe
leoto
la poitrine
letswele
le bras
letsogo

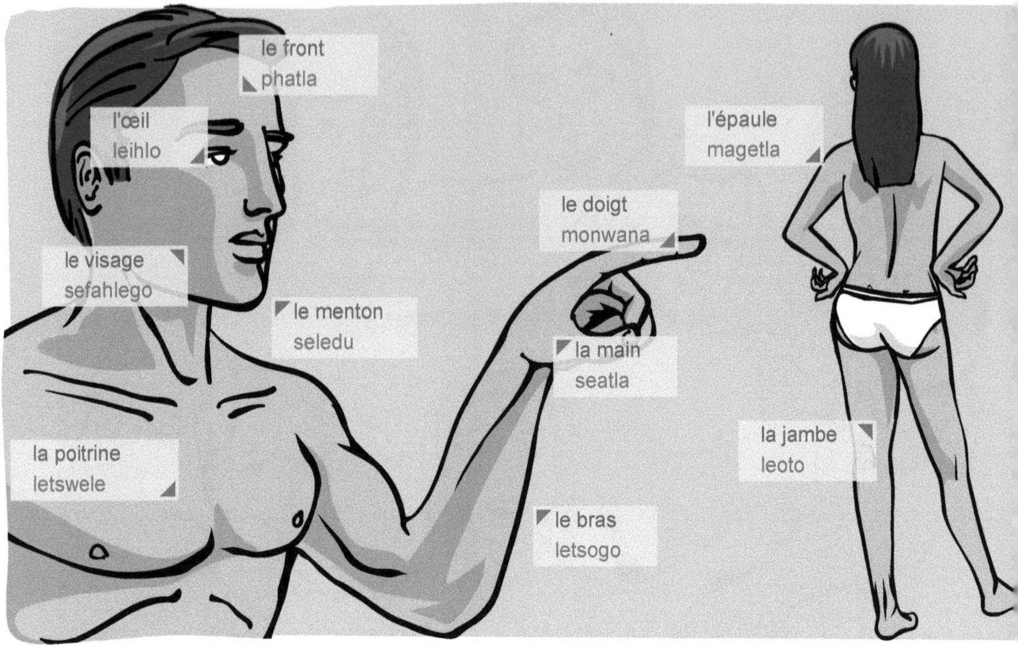

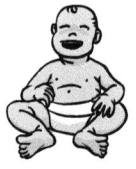

le bébé
ngwana

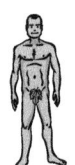

l'homme
monna

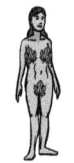

la femme
mosadi

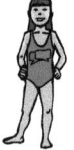

la fille
kgarebe

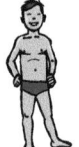

le garçon
mošemane

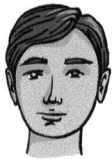

la tête
hlogo

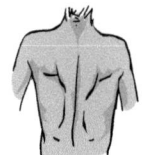

le dos

morago

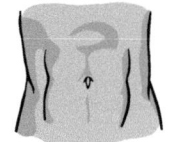

le ventre

mokhaba

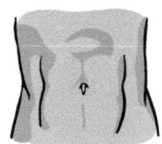

le nombril

mokhubu

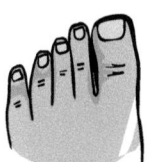

l'orteil

monwana

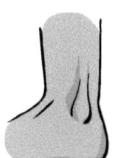

le talon

tlhako

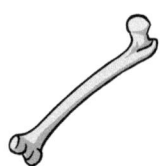

l'os

lerapo

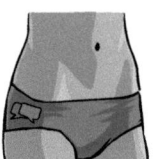

la hanche

matheka

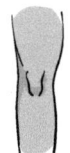

le genou

leoto

le coude

khuru

le nez

nko

les fesses

tlase

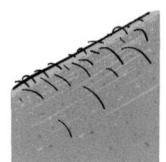

la peau

letlalo

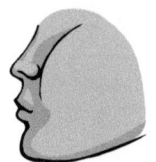

la joue

lerama

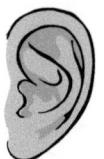

l'oreille

tsebe

la lèvre

molomo

la bouche
molomo

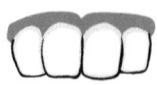

la dent
leino

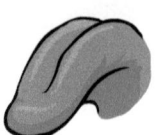

la langue
Leleme

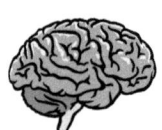

le cerveau
bjoko

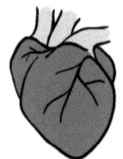

le cœur
pelo

le muscle
segoba

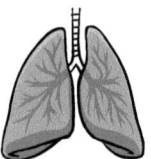

les poumons
maswafo

le foie
sebete

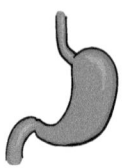

l'estomac
mala

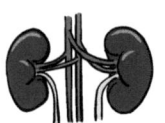

les reins
diphsio

le rapport sexuel
thobalano

le préservatif
condom

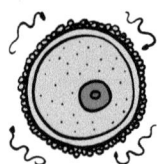

l'ovule
Ovum

le sperme
matshedi

la grossesse
go ima

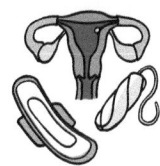

la menstruation

go bona kgwedi

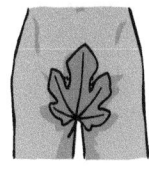

le vagin

setho sa bosadi

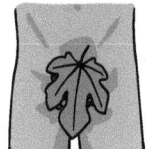

le pénis

setho sa bonna

le sourcil

dintši

les cheveux

moriri

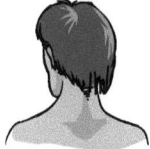

le cou

molala

l'hôpital

sepetlele

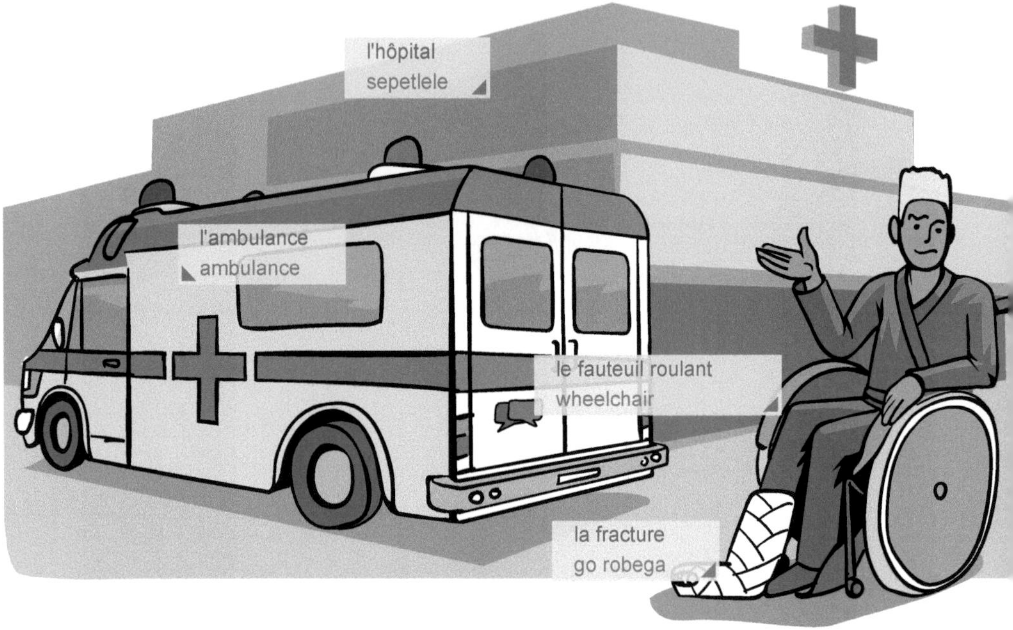

l'hôpital
sepetlele
l'ambulance
ambulance
le fauteuil roulant
wheelchair
la fracture
go robega

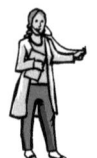

le médecin

ngaka

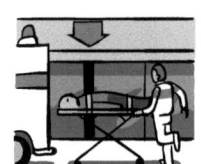

le service des urgences

phapoši ya tša tšhoganetšo

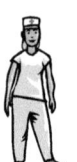

l'infirmière

mooki

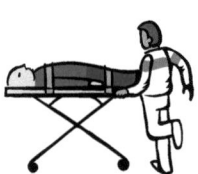

l'urgence

tšhoganetšo

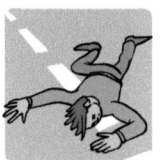

inconscient

go idibala

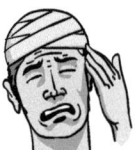

la douleur

bohloko

la blessure

go gobala

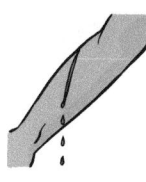

l'hémorragie

go tšwa madi

l'attaque cérébrale

setorouko

l'allergie

ge mmele o ganana le dijo

la crise cardiaque

bolwetši bja pelo

la toux

go gohlola

la fièvre

go gohlola

la grippe

sehuba

la diarrhée

letšhollo

le mal de tête

go opa ke hlogo

le cancer

kankere

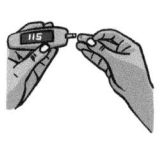

le diabète

swikiri

le chirurgien

mmui

le scalpel

thipa ya scalpel

l'opération

go bulwa

le CT

CT

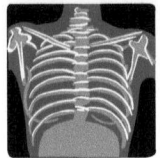

la radiographie

x-ray

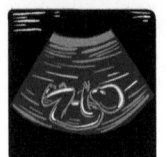

l'échographie

ultrasound

le masque

sethiba sefahlego

la maladie

bolwetši

la salle d'attente

phapoši ya go leta

la béquille

lehlotlo

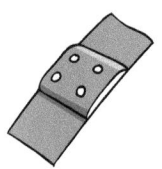

le pansement

sedirišwa sa plaster

le pansement

lešela la ntho

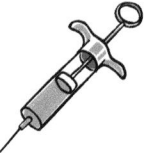

l'injection

nalete

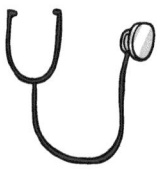

le stéthoscope

sthehosekoupo

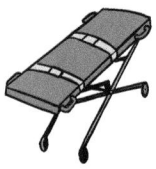

le brancard

seteretšhara

le thermomètre

themoketha ya kgathelelo

l'accouchement

go belebga

la surcharge pondérale

mmele o mogolo

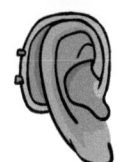

l'appareil auditif

sethuša ditsebe

le désinfectant

disinfectant

l'infection

twatši

le virus

baerase

le VIH / le sida

HIV / AIDS

le médicament

dihlare

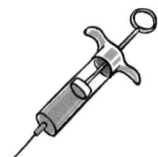

la vaccination

tlhabelo ya go thibela
malwetši

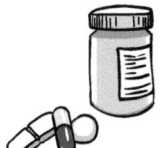

les comprimés

dipilisi

la pilule

pilisi

l'appel d'urgence

mogala wa tšhoganetšo

le tensiomètre

sehlahlobi sa pelo

malade / sain

go babja / phetše gabotse

Au secours !

Thušo!

l'alarme

alamo

l'assaut

go tšhošetšwa

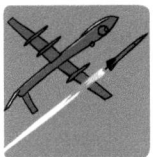

l'attaque

tlhaselo

le danger

kotsi

la sortie de secours

go tšwa ka tšhoganetšo

Au feu!

Mollo!

l'extincteur

setimamollo

l'accident

kotsi

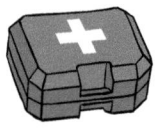

la trousse de premier secours

first-aid kit

SOS

SOS

la police

maphodisa

l'Europe

Yuropa

l'Amérique du Nord

Amerika Bodikela

l'Amérique du Sud

Amerika Borwa

l'Afrique

Afrika

l'Asie

Asia

l'Australie

Australia

l'Océan atlantique

Atlantic

l'Océan pacifique

Pacific

l'Océan indien

Lewatle la India

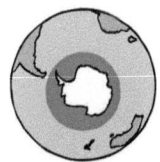

l'Océan antarctique

Lewatle la Antarctic

l'Océan arctique

Lewatle la Arctic

le Pôle nord

North Pole

le Pôle sud

South Pole

l'Antarctique

Antarctica

la terre

Lefase

le pays

naga

la mer

noka

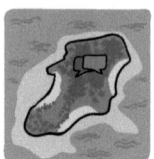

l'île

island

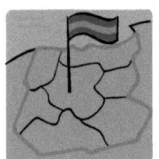

la nation

naga

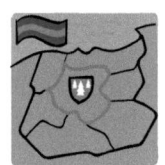

l'état

state

le cadran

sešupanako sa dinomoro

l'aiguille des heures

diiri tša sešupanako

l'aiguille des minutes

metsotso ya sešupanako

l'aiguille des secondes

metsotswana ya
sešupanako

Quelle heure est-il ?

Ke nako mang?

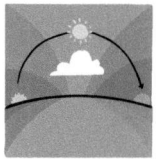

le jour

letšatši

le temps

nako

maintenant

gona bjale

la montre digitale

sešupanako sa dinomoro

la minute

metsotso

l'heure

iri

la semaine

beke

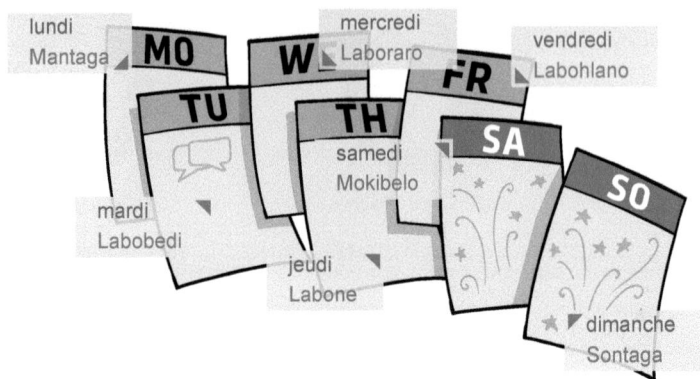

lundi
Mantaga

mercredi
Laboraro

vendredi
Labohlano

samedi
Mokibelo

mardi
Labobedi

jeudi
Labone

dimanche
Sontaga

hier

maobane

aujourd'hui

lehono

demain

ka moswana

le matin

mesong

le midi

Thapama

le soir

mantšiboa

MO	TU	WE	TH	FR	SA	SU
1	2	3	4	5	6	7
8	9	10	11	12	13	14
15	16	17	18	19	20	21
22	23	24	25	26	27	28
29	30	31	1	2	3	4

les jours ouvrables

matšatši a kgwebo

le week-end

mafelobeke

l'année
ngwaga

l'arc-en-ciel
molalatladi
la pluie
pula
la neige
lehlwa
le vent
phefo
le printemps
seruthwane
l'automne
lehlabula
l'été
selemo
l'hiver
marega

4.APRIL 11°
5.APRIL 4°
6.APRIL 13°
7.APRIL 8°
8.APRIL 10°

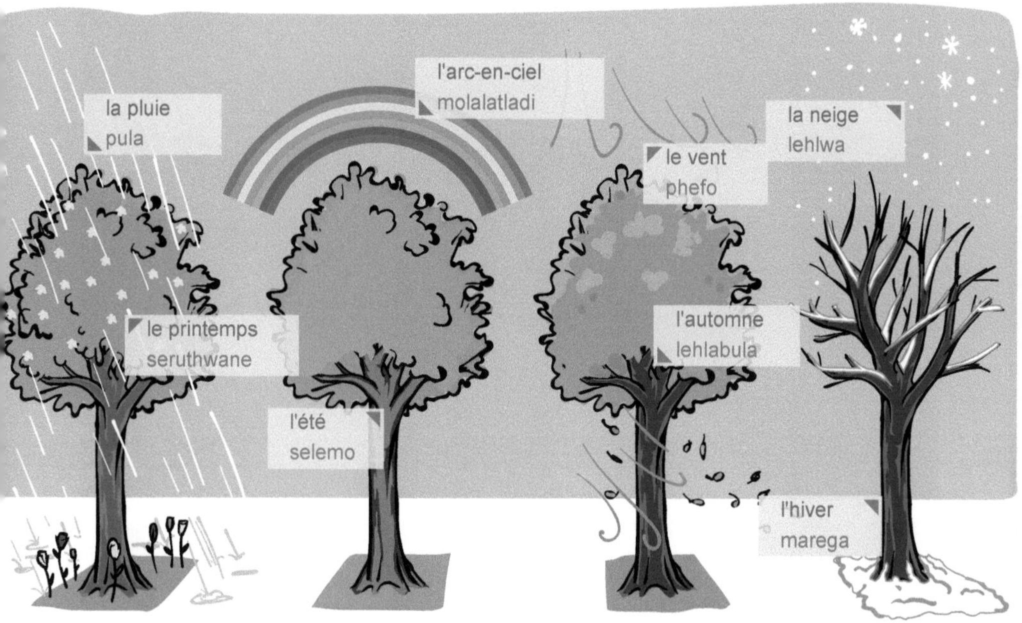

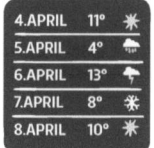

la météo

tsebišo ya leratadima

F C
120 40
90 30
60 20
30 10
0 0
-30 -10
-20

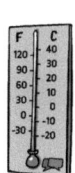

le thermomètre

thermometer

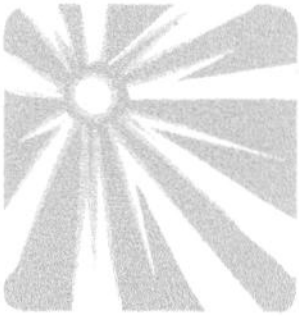

la lumière du soleil

mahlasedi a letšatši

le nuage

maru

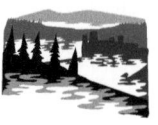

le brouillard

kgudi

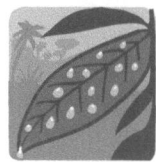

l'humidité

go koloba

la foudre

legadima

la tonnerre

legadima

la tempête

ledimo

la grêle

sefako

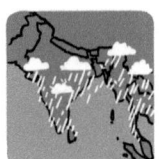

la mousson

ledimo

l'inondation

lefula

la glace

lehlwa

janvier

January

février

February

mars

March

avril

April

mai

May

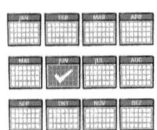

juin

June

juillet

July

août

August

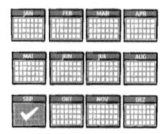

septembre

September

octobre

October

novembre

November

décembre

December

les formes
dibopego

le cercle

nthokolo

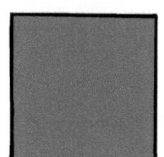

le carré

sekwere

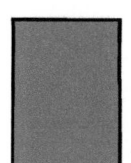

le rectangle

rectangle

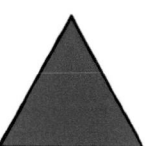

le triangle

theraekele

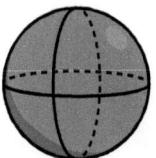

la sphère

nthokolo

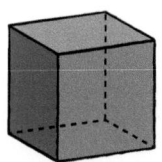

le cube

cube

blanc

tshweu

jaune

kheri

orange

namone

rose

pinki

rouge

khubedu

violet

phepholo

bleu

pududu

vert

tala

marron

tshehla

gris

kerei

noir

bontsho

beaucoup / peu

tše dintši / tše dinyenyane

fâché / calme

befetšwe / theotše maswafo

joli / laid

botse / befile

le début / la fin

mathomo / mafelelo

grand / petit

kgolo / nyenyane

clair / obscure

seetša / leswiswi

frère / soeur

abuti / sesi

propre / sale

hlwekile / ditšhila

complet / incomplet

feletše / ga se e felele

le jour / la nuit

mosegare / bošego

mort / vivant

hwile / o sa phela

large / étroit

go bulega / go tswalelega

comestible / incomestible

e a jega / ga e jege

méchant / gentil

bobe / go loka

excité / ennuyé

mahlahlo / go tšwafa

gros / mince

bokoto / bosese

le premier / le dernier

mathomo / mafelelo

l'ami / l'ennemi

mogwera / lenaba

plein / vide

e tletše / ga e na selo

dur / souple

tiile / e bonolo

lourd / léger

ya roba / e bobebo

faim / soif

tlala / mokhoro

malade / sain

go babja / phetše gabotse

illégal / légal

ga e molaong / e molaong

intelligent / stupide

bohlale / lešilo

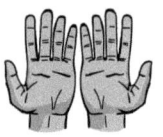

gauche / droite

le letshadi / le letona

proche / loin

kgaufsi / kgole

nouveau / usé

mapsha / e dirišitšwe

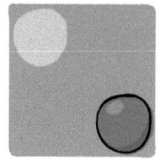

rien / quelque chose

selo / se sengwe

vieux / jeune

motšofadi / mofsa

marche / arrêt

laeta / tima

ouvert / fermé

bula / tswalela

faible / fort

homola / rasa

riche / pauvre

go huma / go diila

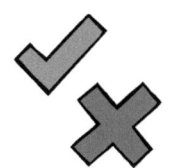

correct / incorrect

e lokilego / e sa lokago

rugueux / lisse

makgwakgwa / go thelela

triste / heureux

go nyama / go thaba

court / long

mokopana / motelele

lent / rapide

go nanya / go kitima

mouillé / sec

go koloba / go oma

chaud / froid

borutho / go tonya

la guerre / la paix

ntwa / khutšo

dinomoro

0

zéro

nnoto

1

un / une

tee

2

deux

pedi

3

trois

tharo

4

quatre

nne

5

cinq

tlhano

6

six

tshela

7

sept

šupa

8

huit

seswai

9

neuf

senyane

10

dix

lesome

11

onze

lesome tee

12

douze

lesome pedi

13

treize

lesome tharo

14

quatorze

lesome nne

15

quinze

lesome tlhano

16

seize

lesome tshela

17

dix-sept

lesome šupa

18

dix-huit

lesome seswai

19

dix-neuf

lesome senyane

20

vingt

masomepedi

100

cent

lekgolo

1.000

mille

sekete

1.000.000

le million

milione

l'anglais

Seisemane

l'anglais américain

Seisemane sa Amerika

le chinois mandarin

Sechina sa Mandarin

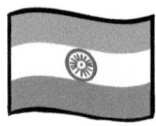

le hindi

Sehindi

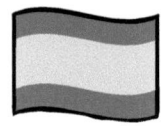

l'espagnol

Spanish

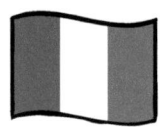

le français

Sefora

l'arabe

Searabic

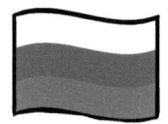

le russe

Serašia

le portugais

Sepotokisi

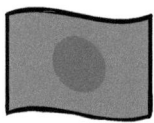

le bengali

Sebengali

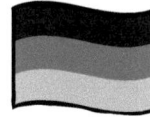

l'allemand

Sejeremane

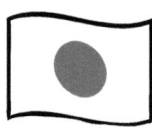

le japonais

Sefapane

je
Nna

tu
wena

il / elle / ce, c', cela
yena / yona

nous
rena

vous
wena

ils / elles
bona

Qui ?
bomang?

Quoi ?
eng?

Comment ?
bjang?

Où ?
mo kae?

Quand ?
neng?

le nom
leina

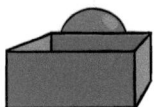

derrière
....
ka morago

dans
....
go

devant
....
kgaufsi le

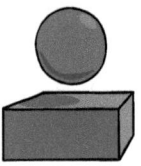

au-dessus
....
godimo ga

sur
....
go

en-dessous
....
ka tlase ga

à côté de
....
ka lehlakoreng la

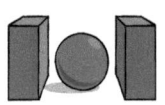

entre
....
magareng ga

le lieu
....
lefelo